Lukas Weißer

Skript zur Betriebswirtschaftslehre III in der Sportökonomie

GRIN Verlag

Bibliografische Information der Deutschen Nationalbibliothek:

Die Deutsche Bibliothek verzeichnet diese Publikation in der Deutschen National-bibliografie; detaillierte bibliografische Daten sind im Internet über http://dnb.d-nb.de/ abrufbar.

Impressum:

Copyright © 2014 GRIN Verlag GmbH
Druck und Bindung: Books on Demand GmbH, Norderstedt Germany
ISBN: 978-3-656-91239-2

Dieses Buch bei GRIN:

http://www.grin.com/de/e-book/292961/skript-zur-betriebswirtschaftslehre-iii-in-der-sportoekonomie

GRIN - Your knowledge has value

Der GRIN Verlag publiziert seit 1998 wissenschaftliche Arbeiten von Studenten, Hochschullehrern und anderen Akademikern als eBook und gedrucktes Buch. Die Verlagswebsite www.grin.com ist die ideale Plattform zur Veröffentlichung von Hausarbeiten, Abschlussarbeiten, wissenschaftlichen Aufsätzen, Dissertationen und Fachbüchern.

Besuchen Sie uns im Internet:

http://www.grin.com/

http://www.facebook.com/grincom

http://www.twitter.com/grin_com

Deutsche Hochschule für
Prävention und Gesundheitsmanagement

Einsendeaufgabe

Fachmodul: Betriebswirtschaftslehre III

Studiengang: Sportökonomie

Datum
Präsenzphase: 07.07.2014 – 10.07.2014

Name, Vorname: Weißer, Lukas

Studienort: **Stuttgart**

Semester: **WS12**

Inhaltsverzeichnis

1 Controlling

1.1 Kerngedanken und Aufgaben

Der Kerngedanke des Controllings umfasst die aktive und zielgerichtete Steuerung eines Unternehmens. Dabei spielen Planung, Kontrolle, Organisation, Personalführung und Information eine wichtige Rolle, es werden dabei die dazugehörigen Maßnahmen für das Unternehmen koordiniert.

Die Steuerung des Gewinns durch Zahlen wird durch Controlling unterstützt, geleitet und gelenkt. Dabei geht es um das leiten der Zielbildungs-, Planungs-, Realisierungs-, Kontroll- und Informationsprozesse, die durch das Controlling und durch Abweichungsanalysen gesteuert werden.

Das Controlling hat verschiedene wichtige Aufgaben im Unternehmen. Es sollen Prozesse im Unternehmen anschaulich dargestellt werden und durch Abbildungen in Form von Kennzahlen dem Unternehmen die Möglichkeit geben, diese Prozesse zielgesteuert zu steuern. Es sollen also Informationen gegeben werden, die als Basis dienen, um zielgerichtete Entscheidungen im Unternehmen zu treffen. Diese Entscheidungen sollen im Anschluss zeitgerecht und zielorientiert vorgenommen werden.

Dazu gibt es die 5 wesentlichen Aufgaben des Controllings:

- Informationsaufgabe
- Planungsaufgabe
- Steuerungsaufgabe
- Koordinationsaufgabe
- Kontrollaufgabe

Die Kontrollaufgabe ist zwar ein Teilbereich des Controllings, ist aber nicht wie oft verwechselt dasselbe.

Controlling kommt vom englischen „to control" also übersetzt „Steuern" und hat nichts mit dem eigentlichen kontrollieren („to check") zu tun. Das Controlling soll das Unternehmen, bzw die Prozesse zum Erreichen der Ziele steuern und in die richtige Richtung lenken, anders als die Kontrolle, welche dazu dient, z.B. bestimmte Abläufe zu kontrollieren, ohne diese zuvor gesteuert zu haben. Die beiden Begriffe haben also nur fern etwas miteinander zu tun.

1.2 Mitgliederentwicklung

Ein wichtiger Faktor im Bezug auf die Mitgliederentwicklung ist die Fluktuation. Die Fluktuation beschreibt das Verhältnis zwischen Kunden, die das Fitnessstudio wieder verlassen und dem Bestand der bestehenden Mitgliedschaften. Um dieses Verhältnis zu berechnen benötigt man die folgende Formel:

Fluktuation={(Anzahl der Abgänge) / (durchschnittlicher Mitgliederbestand)}*100

Der durchschnittliche Mitgliederbestand kann auf zwei verschiedene Wege berechnet werden:

1. Einfache Berechnung: Durchschnittlicher Mitgliederbestand=(Anfangsbestand Januar + Endbestand Dezember)/2
2. Genauere Berechnung: Durchschnittlicher Mitgliederbestand=(Anfangsbestände Januar bis Dezember + Endbestand Dezember)/13

1.3 Das Kennzahlensystem

Das Kennzahlensystem mit Schwerpunkt Cash-flow Rentabilität

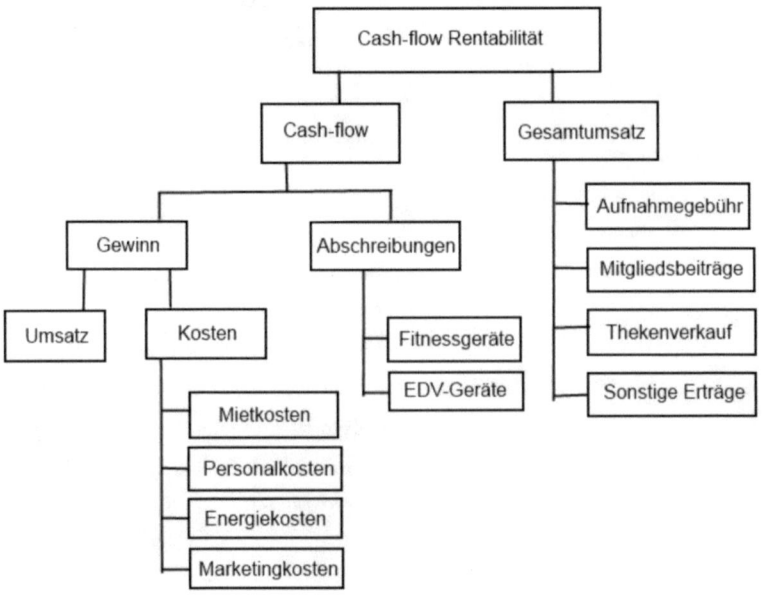

Abb. 1

1.4 Controllingsystem

1.4.1 Erläuterung eines Controllingsystem

Das Controlling ist ein Subsystem der Unternehmensführung und soll die Controllingfunktion des Unternehmens ausführen.

Durch das Controllingsystem soll dem Unternehmen ein möglichst schneller und übersichtlicher Überblick über den aktuellen Stand des Unternehmens gegeben werden. Dies wird durch Soll-Ist Vergleiche und Darstellung der Entwicklung möglich. Aufgrund dieser Darstellung werden Entscheidungen getroffen und können begründet werden. Controllingaufgaben, Controllingorganisation und Controllingintrumente sind wesentliche Bestandteile eines Controllingsystems. Eine weitere Aufgabe des Controllingsystems ist die Aufdeckung von Schwachstellen des Unternehmens, um zielgerichtet dagegen zu steuern und das Unternehmen auf Erfolgskurs zu bringen.

1.4.2 Erläuterung einer Balance-Scorecard

Die Balanced-Scorecard (BSC) ist eine Unternehmensstrategie bzw. Instrument zur strategischen Steuerung von Organisationen/ Unternehmen. Es sollen neben den finanziellen Aspekten, weitere nicht monetäre Punkte berücksichtigt werden, ohne natürlich die finanziell-wirtschaftlichen Aspekte zu vergessen.

Im Gegensatz zum klassischen Controllingsystem, bei dem ausschließlich rein monetäre Aspekte berücksichtigt werden, bezieht die Balance-Scorecard auch nicht-monetäre Faktoren mit ein. Das klassische Controllingsystem weist außerdem eine starke Vergangenheitsorientierung auf, wohingegen die Balance-Scorecard auch zukunftsorientierte Indikatoren mit einbezieht.

1.4.3 Balance-Scorecard Praxisbeispiel

Das Praxisbeispiel der Balance-Scorecard bezieht sich auf die Vision „Erhöhung des Anteils männlicher Mitglieder" und wird in die 4 Perspektiven der dritten Phase unterteilt:

- Finanzwirtschaftliche Perspektive
- Kundenperspektive
- Interne Perspektive (Interne Geschäftsprozesse)
- Innovationsperspektive (Lernen und Entwicklung)

Praxisbeispiel:

Tabelle 1

Perspektive	Zieldefinition	Kennzahlen	Vorgaben	Maßnahmen
Finanzwirtschaftliche Perspektive	Erhöhung des Gewinns durch Zuwachs männlicher Mitglieder.	- Umsatzrentabilität - ROI	Vom Umsatz sollen im nächsten Jahr 2% mehr Gewinn bleiben.	- Werbemaßnahmen zum gewinn männlicher Mitglieder.
Kundenperspektive	Erhöhte Kundenzufriedenheit unter den männlichen mitgliedern.	- Anteil zufriedener männlicher Kunden -	- Die Kundenzufriedenheit soll im nächsten halben Jahr um 20% gesteigert werden.	- Kursangebote für männliche Mitglieder ausbauen. - Angebote für männliche Kunden
Interne Perspektive	Die Produktpalette mit der Zielgruppe männlicher Kunden soll ausgebaut werden.	- Anteil verkaufter Artikel -	- Der Verkauf der Produkte soll im nächs-	- Neue Produkte - Online Shop erstellen

			ten Jahr um 20% gesteigert werden.	
Innovations-perspektive	Die Mitarbeiter sollen im Bereich des Männertrainings weitergebildet werden.	- Anzahl Weiterbildungen	Im Unternehmen sollen alle 6 Monate Weiterbildungen angeboten werden.	-Schulungen im Bereich Trainingsmethodik mit Männern organisieren/ Anbieten.

2 Jahresabschlussanalyse

2.1 Bilanzkennzahlen

2.1.1 Jahresüberschuss

Der Jahresüberschuss ist der Gewinn des Unternehmens und beschreibt das Saldo aller Aufwendungen und Erträge eines Jahres.

• Die Gesamtkapitalrentabilität setzt den Unternehmensgewinn in Relation zu dem gesamten Kapital des Unternehmens, das sich aus Eigen und Fremdkapital zusammensetzt, und zeigt somit, wie sich das eingesetzte Kapital in der betrachteten Periode verzinst hat.

• Gewinnkostenrentabilität = {(Gewinn + Fremdkapitalzins) : Gesamtkapital} *100

• Formel nach Gewinn umgestellt

Gewinn = GKR * GK –FKZ (Darlehen * Zinssatz)

Fremdkapitalzins:
Fremdkapital = Rückstellungen + Verbindlichkeiten

Fremdkapital 2012 = 187,3 € Tsd. + 624,2 € Tsd. = 811,5 € Tsd, ,davon 5 %
Fremdkapitalzins = 811,5 € Tsd. / 100 * 5 =40,58 € Tsd. (40,6 € Tsd.)

Fremdkapital 2013 = 166,8 € Tsd. + 591,6 € Tsd. = 758,4 € Tsd.
Fremdkapitalzins = 758,4 € Tsd. / 100 * 5 =37,92 € Tsd. (37,9 € Tsd.)

Jahresüberschuss (Gewinn) 2012:
12 = ((Gewinn + 40,6) / 2383,4) *100
Gewinn = 245,408 € Tsd. gerundet 245,4 € Tsd.

Jahresüberschuss (Gewinn) 2013:
11,2 = ((Gewinn + 37,9) / 2157,5) *100
Gewinn = 203,74 € Tsd. Gerundet 203,7 € Tsd.

2.1.2 Eigenkapitalquote

Allgemeine Formel:

Eigenkapitalquote(%): (Eigenkapital/Gesamtkapital) * 100

Eigenkapitalquote 2012 = (1571,9 / 2383,4) x100 = 66 % (65,95)

Eigenkapitalquote 2013 = (1399,1 / 2157,5) x 100 = 65 % (64,85)

2.1.3 Eigenkapitalrentabilität

Allgemeine Formel:

Eigenkapitalrentabilität = (Gewinn/ Eigenkapital) * 100

Eigenkapitalrentabilität 2012 (%) = (245,4 / 1571,9) x 100 = 15,6 %

Eigenkapitalrentabilität 2013 (%) = (203,7 / 1399,1) x 100 = 14,6 %

2.1.4 Umsatzrentabilität

Allgemeine Formel:

Umsatzrentabilität 2012 (%) = (245,4 / 2850,0) x 100 = 8,6 %

Umsatzrentabilität 2013 (%) = (203,7 / 2450,0) x 100 = 8,3 %

2.1.5 Working Capital

Allgemeine Formel:

Working Capital = Umlaufvermögen – kurzfrisitge Verbindlichkeiten

Working Capital 2012 = 1642,6 € Tsd. – 566,4 € Tsd. = 1076,2 € Tsd.

Working Capital 2013 = 1514,1 € Tsd. – 539,4 € Tsd. = 974,7 € Tsd.

2.2 Wirtschaftliche Entwicklung

Durch die zuvor berechneten Kennzahlen lässt sich die wirtschaftliche Entwicklung darstellen und beurteilen.

Es lässt sich feststellen, dass die erwirtschaftete Leistung leicht rückgängig ist von 2012 auf 2013. In den kommenden Jahren stehen weniger finanzielle Mittel für Projekte zur Verfügung. Insgesamt steht das Unternehmen aber stabil da.

Der Gewinn des Unternehmens ist Rückläufig und weist eine negative Differenz von 41,7 € Tausend auf.

Das Eigen und das Fremdkapital hat sich positiv verzinst, aufgrund des geringen Umsatzes 2013 ist der Wert gesunken.

Die Eigenkapitalquote ist von 2012 bis 2013 um 1% auf 65% gesunken, was jedoch immer noch ein guter Wert ist und das Unternehmen stabil dastehen lässt. Der erzielte Gewinn im Vergleich zum realisierten Umsatz ist um 0,3 % gesunken.

Die Umsatzrentabilität sollte weiter gesteigert werden, um neues Kapital für

kommende Projekte, Planungen und Rückstellungen zu schaffen und ein Wachstum des Unternehmens sicher zu stellen. Die kurzfristige Liquidität des Unternehmens ist um 101.5 Tsd. € gesunken. Die kurzfristigen Verbindlichkeiten sind vom Unternehmen gedeckt und der gesamten Bestand ist nicht zur Deckung nötig.
Das Unternehmen ist liquide.

3 Kostenrechnung

3.1 Kostenrechnungsarten

Die Vollkostenrechnung beinhaltet alle in einer Abrechnungsperiode anfallenden Kosten. Diese werden dann mit dem Bezugsobjekt verrechnet.

Die Teilkostenrechnung beinhaltet dagegen nur einen Teil der Kosten in der Abrechnungsperiode. Es wird ebenso nur dieser Teil der Kosten mit dem Bezugsobjekt verrechnet, z. B. Deckungsbeitragsrechnung.

Der restliche Teil der Kosten wird über andere Wege ins Betriebsergebnis übernommen.

Hier können Einzelkosten unterschieden werden und somit die einzelnen Leistungen genau bestimmt werden. In der Vollkostenrechnung sind die übrigen Kosten unter Gemeinkosten zu finden und können nicht genau zugeordnet werden.

3.2 Zuschlagskalkulation

Allgemeine Formel Gemeinkostenzuschlag (%):

Gemeinkostenzuschlag(%)= (Gemeinkosten einer Periode/Einzelkosten einer Periode) * 100

Allgemeine Formel Gewinnzuschlagsatz(%):

Gewinnzuschlagsatz (%)= (Gewinn/ Selbstkosten) * 100

Einzelkosten
Wareneinsatzkosten 275000 €
Gesamt Einzelkosten 275000 €
Gemeinkosten
Mietkosten 72000 €
Versicherungskosten 15000 €
Personalkosten 90000 €
Vertriebskosten 13250 €
Gesamt Gemeinkosten 190250 €
Gemeinkostenzuschlag 69%
Selbstkosten 464750 €

Einkaufspreis 94,50 €
- Rabatt (15%) 14,18 €
Zieleinkaufspreis 80,32 €
- Skonto (3%) 2,41 €
Bareinkaufspreis 77,91 €
+ Bezugskosten 6,75 €
Bezugspreis 84,66 €
+ Handlungskosten (69 %) 58,42 € (Gemeinkostenzuschlag)
Selbstkosten 143,08 € 100,00%
+ Gewinn (24,22 %) 34,66 € 24,22%
Barverkaufspreis 177,74 €
+ Kundenskonto (1 %) 1,80 €
Zielverkaufspreis 179,54 €
+ Kundenrabatt (5 %) 9,45 €
Nettoverkaufspreis (Listenverkaufspreis) 188,99 €
+ Umsatzsteuer (19%) 35,91 €
Bruttoverkaufspreis 224,90 €

Handlungskosten des Warenhauses für den einzelnen Schuh: 58,42€ oder 69

Gewinn des Warenhauses für den einzelnen Schuh: 34,66€ oder 24,22%

3.3 Deckungsbeitragsrechnung

Personalkosten:
3 (Tage) x 4 (Stunden) x 4 (Wochen) = 48 Stunden im Monat
17,50 € pro Stunde x 48 Stunden = 840 € Personalkosten im Monat.

Mietkosten:

10250 Gesamtmiete (netto) + 2050 Nebenkosten (netto) = 12300 € Gesamtkosten (netto)
12300 € Gesamtkosten (netto) / 1050 m² Gesamtfläche = 11,71 pro m² Mietkosten.
11,71 € * 48 m² = 562,08 € Mietkosten.

Abschreibungen:

9500 € (brutto) = 7695 € (netto)
Nutzungsdauer 5 Jahre = 60 Monate

7695 € / 60 = 128,25 € Abschreibungskosten pro Monat.

Gesamtkosten:
840 € + 562,08 € + 128,25 € = 1530,33 € Gesamtkosten.

Gewünschter Deckungsbeitrag: 1300,00 €.

1530,33 € + 1300,00 = 2830,33 € zu erwirtschaftender Wert, um einen Deckungsbeitrag von 1300,00 € zu bekommen.

Kontrolle:

Teilumsatz 2830,33 €
Kosten - 1530,33 €
Deckungsbeitrag = 1300,00 €

Aufgabenstellung:

Bruttoverkaufspreis für eine halbstündige Ernährungsberatung bei 60%-iger Auslastung.
48 Stunden * 0,6 % = 28,8 Stunden (= 60% Auslastung)

2830,33 € / 28,8 Stunden = 98,28 € pro Stunde (netto).
98,28 / 2 = 49,14 € pro halbe Stunde (netto).

49,14 € * 1,19 = **58,48 €** Bruttoverkaufspreis für eine halbe Stunde Ernährungsberatung.

3.4 Interpretation einer Deckungsbeitragssituation

Meiner Meinung nach kann diese Aussage nicht pauschal getroffen werden, da immer auch die nicht-monetäre Bedeutung des Teilbereichs betrachtet werden muss. Einige Teilbereiche haben häufig einen negativen Deckungsbeitrag, sind aber für das Gesamtbild des Unternehmens von wesentlicher Bedeutung. So ist z.B. der Deckungsbeitrag einer Sauna häufig negativ, beeinflusst aber die Einnahmen z.B. im Fitnessbereich, da eine Sauna ein wichtiges Merkmal zur Auswahl des Fitnessstudios ist. Auch der Bereich Theke hat oft einen niedrigen Deckungsbeitrag, obwohl diese fester Bestandteil für die Mitglieder eines Fitnessstudios ist und somit Kundenbindung und Kundenzufriedenheit fördert.

Es darf also nicht rein nach finanziellen Zahlen beurteilt werden, sondern es muss immer auch die Wichtigkeit, bzw. der Bezug aufs gesamte Unternehmen beurteilt werden, bevor Teilbereiche mit negativen Deckungsbeiträgen geschlossen werden.

Literaturhinweis:

Die oben dargestellten Informationen, Formeln und wissenschaftliche Errungenschaften
beziehen sich, wenn nicht anders genannt, aus dem Studienbrief
– Betriebswirtschaftslehre III der DHfPG, Stand 2013 und aus den Powerpoint
Präsentationen der Präsenzphase Betriebswirtschaftslehre III.
(SCHLAFFKE W., PLÜNNECKE A., 2013)

4 Literaturverzeichnis

SCHLAFFKE W., PLÜNNECKE A. (2013) – Studienbrief der DHfPG
– Betriebswirtschaftslehre
III. [Stand 2013]

5 Tabellenverzeichnis/ Abbildungsverzeichnis